AF295499

Kustantaja: BoD · Books on Demand,
Mannerheimintie 12 B, 00100 Helsinki,
bod@bod.fi
Kirjapaino: Libri Plureos GmbH,
Friedensallee 273, 22763 Hampuri, Saksa

ISBN: 978-952-80-9616-0

TÄMÄ

SYDÄN

Hyvä lukija,

Nämä runot ovat syntyneet purskahduksina, arvioisin kirjoittaneeni ne vuosien 2018 - 2024 varrella. Olen kirjoittanut jo ennen kuin opin itse kirjoittamaan. Pyysin äitiä, mummia, isää tai veljeä kirjoittamaan sanelustani. Kun sitten opin kirjoittamaan, täytin monta päiväkirjaa pohdinnoilla ja kuvauksilla tapahtumista joita olin kokenut. Kirjoittaminen on ollut aina tärkeä osa elämääni ja auttanut minua vaikeiden aikojen yli. Se on ollut tapa ilmaista itseäni ja käsitellä tunteitani, sekä jäsentää maailmaa ja ajatuksia.

Monet laulujen tekstit, runot ja muut kirjoitelmat ovat jääneet pöytälaatikkoon, tai minun tapauksessani oikeastaan lojumaan paperinpaloissa, muistilapuissa ja vihkoissa purkamattomiin laatikoihin tai ympäri huonetta. Miksi en julkaisisi niitä muidenkin luettavaksi? Ehkä ne eivät kiinnosta tai kosketa ketään, mutta jos on olemassa joku/ joitakuita jotka saavat jotain ajatusta, iloa tai inspiraatiota niistä, eikö se olisi silloin sen arvoista?

Tämä on ensimmäinen runokirjani. Nämä ovat sekä hyvin henkilökohtaisia, kuin myös monet näistä, yleismaailmallisia (se on minulle henkilökohtaista myös). Vaikka olen monissa asioissa pikkutarkka ja pidän selkeydestä ja muodosta, niin runoja rakastan myös juuri siksi, että voin rikkoa sääntöjä. Saan laittaa sanat, pilkut ja pisteetkin ihan niin kuin haluan. Voin sanoa mitä haluan, miten haluan. Ja mikä parasta, jokainen saa tulkita ne omalla tavallaan. Tietenkään en ole hyvä kieliopissa ja pilkut tanssahtelevat usein milloin missäkin ja yhdyssanoista tulee erillisiä ja erillisistä yhdyssanoja. Tämä on asia joka voi saada minut pois tolaltani, koska ihmettelen miksi en vieläkään opi. Toinen puoli minusta iloitsee siitä, että en ole kahlittu pilkun viilaamiseen, sillä en anna sen pysäyttää minua, vaan kirjoitan kaikesta huolimatta.

Ensimmäinen kirjani: Milla ja ihmeellinen tonttu julkaistiin syksyllä 2024. Se kertoo ystävyydestä ja ihmisten ja luonnon välisestä yhteydestä, elämän ihmeellisyydestä ja pelkojen kohtaamisesta. Täydellistä ei tullut, minun täytyi vain hyväksyä, että sinne jäi muutama kirjoitusvirhe. Mutta voin korjata ne toiseen painokseen. Joitakin asioita voi korjata! Monia asioita voi korjata! Ja aina voi oppia. Lohdullista on myös se, että kaikki muuttuu koko ajan. Vaikka usein hitaasti ja voi tuntua, että liian hitaasti. Mutta muuttuu kuitenkin! Ja se on varmaan myös näiden runojen ydinajatus. Muutos ja jatkuva liike. Kun elää hetkessä, se on ikuisuus. Siinä on menneisyys, nykyisyys ja tulevaisuus.

Ajattele itse, kyseenalaista, ilmaise. Hyväksy, että olet usein väärässä ja vastuussa itse. Tutki, tunnustele ja uskalla. Ollaan täydellisen epätäydellisiä. Ikuisella matkalla.

Et sinä ole se

Et sinä ole vain ajatuksesi
Et vain tuo kumma kuvastus joka katsoo peilistä
takaisin
Et se joka ei tohdi edes katsoa

Et ole vain nuo huolet ja murheet
Syvät uurteet kasvoillasi
Olet niin paljon enemmän ja syvällä sisimmässäsi
tiedät sen
Jos uskallat vain katsoa
Ja kuunnella syvempää rytmiä

Uskalla heittäytyä sinne missä järki ei enää pelaa
Missä egot eivät pysty huutamaan
Sinne missä vain sydän kuulee
Jos uskallat kuunnella

Siellä on se tyyneys joka aaltojen alla asuu
Siellä on pimeys ja kala jolla on valo
Se olet sinä ja koko maailmankaikkeuden yhteinen
sielu
Valo pimeässä joka ei sammu koskaan
Luottamus ja ehdoton rakkaus

Ole kuin pieni lapsi

Ole kuin pieni lapsi
Lapsi joka sinä oletkin
Lapsi joka on onnellisimmillaan

Lohduta lasta joka pelkää
Ole hänelle ystävä, se armollisin

Mielikuvitus sinut pelasti silloinkin
Löydä se uudestaan
Unohda ne muut
Älä kuuntele lannistajaa
Ylennä itsesi kapelimestariksi
Heiluta puikkoa ja huuda
Minä olen kapteeni, minä olen Suuri!

Kuka mulle mitään mahtaa, jollen minä itse?
Minä päätän, minä määrään ja vastuun kannan itse!

Mitä sitten vaikka kaadun, kampeen ylös ja jatkan!
Nostan kaverinkin ojasta, jos vain suinkin mahdan!

Päästää irti

Välillä on vaikeaa päästää irti ajatuksesta,
sanoista, melodiasta
tai jostain ihmisestä
Ajasta, menneestä, tulevaisuuden epävarmasta
Ja tuntemattoman hallitsemisen halusta

Takertuvat kuin villiintyneet köynnökset kiertyen ja
pusertaen otteeseen

On vaikea päästää irti hiipivästä huolesta,
raivosta joka yllättäen nostattaa myrskyaallot ja
uhmakkaat pilvet

On vaikea päästää irti hetkistä, jotka ovat niin täynnä
rakkautta,
että sattuu, koskee se totuus, että tuo hetki vaihtuu ja
muuttuu,
se häviää todellisuudesta muistin ja ajatuksen
maailmaan

Aika näkyy, se kuuluu, se ei kulu, se liikkuu,
Vai liikkuuko vain kaikki muu?

Otan sinut sydämeeni

Otan sinut sydämeeni, sinä tuntematon
Sinä olet jo täällä, minun sydämessäni
Sinä olet samaa virtaa ja samaa tuulta
Kuinka lähellä olemmekaan vaikkemme toisiamme
tunnekaan

Ota minut sydämeesi
Vaikka tuntematon oisin
Vaikka vihamielisenä tai inhottavana pitäisit
Olen sitä samaa kuin sinäkin ja sinun ajatuksiasi ovat
inhottavatkin
Ota sydämesi hellästi
Sillä on omat aivot
Ne eivät kuule pahuutta
kun mielesi sitä huutaa
Se kuulee vain rakkautta
Silloin se ei enää taistele vastaan
Silloin sinä olet kokonainen

Pelko ja Rakkaus

Pelko huutaa kovempaa
        Rakkaus lyö lujempaa

Anna sen nyt olla ja mennä
Mitä lujempaa pidät kiinni,
sitä varmemmin se katoaa,
Jos onnesta puhutaan

Pidä lujasti kiinni ja samalla päästä irti
Et voi omistaa, et muuttaa toista tahtojesi mukaan

Rakkaus ei tunne rajoja,
        mutta sinä olet rajallinen
Näin luulet ja siksi kärsit

Kun löydät rakkauden jota et halua hallita,
        et vangita,
laajenna se rajattomaksi,
        se ei voi koskaan sammua

Voit saada ja antaa mitä tarvitsee
Tietää, että kaikki muuttuu,
      niin myös sinäkin

Olet rajaton ja ehdoton,
Rakkaus joka ei säännöistä piittaa
      Siksi annat niin paljon ja paljon myös saat

Kun et pelkää

      Kaikki on Rakkautta vain

Perusasioita

Mennään ihan perusasioihin
Mennään tieteeseen
Se onkin yliluonnollista
Täynnä tietämätöntä ja kumottua
Keksittyä ja löydettyä
On olemassa perustotuuksia
Kuvia siitä mitä ollaan
Sanoja ja termejä niille
Me ollaan energiaa ja värähtelyä
Valoa ja ääntä
Me ollaan kaikki samaa
Ja samanlainen
Thorus
On kaikki mitä on
Kukasta lumihiutaleeseen
Lautasesta Saturnukseen
Olet siitä mitä mieltä vain
niin yksimielinen on maailmankaikkeuden kaavio
Valo
Ääni ja värähtely
Siinä se on

Pitkä matka

Pitkän matkan kulkijat
Ikuisuudessa vaeltavat
Askel kerrallaan lähemmäksi itseä
Lähemmäksi toisia
Toisia joita ei ole siellä missä ollaan yhtä

Näkymättömiä askeleita, näkymättömiä portaita ovat
nuo esteet ja iskut joita matkalla kohtaat
Vasta kun katsot taaksesi, näet millaisen matkan kuljit
Ja maisema jollaista et ole ennen nähnyt aukeaa

Tänne voisit jäädä
Onko tämä se ikuinen paikka?
Muuttumaton
Vai onko sellaista?
Onko vain loputtomia askeleita ja päättymättömiä
teitä?

Ikiliikkujia

Olemme ikiliikkujia

Sisällämme jatkuva liike

kehojemme ulkopuoella jatkuva liike

Kaikki on muutosta

liikkeessä

Me kyydissä

ihmisten nahoissa

kuin lentävällä matolla

Tällä pallolla me olemme ikiliikkujia

Este

Vain ihmisellä on ilmiömäinen kyky luoda ongelmia
tyhjästä
Itselleen ja toisille

Eläimet ja luonto taistelevat tietämättä taistelevansa
mutta joka solullaan se jatkaa tehtäväänsä

Elää ja kuolla
Elää ja kuolla
Selviytyä
Niin kauan... kun ei enää selviydy

Ihminenkin on eläin luonnon kiertokulussa

Kovin on eri luontoinen

Vain itse itsensä este

Onni on pienestä kiinni

Onnellisuus löytyy pienistä asioista

Siitä riemusta kun uusi aamu aukeaa uusine
mahdollisuuksineen

Aamukahvi maistuu erityisen hyvältä ja lapsi näyttää
niin kauniilta

Onnellisuus on sitä ettei murtunutkaan paineen alla
Vaan löysikin jotain uutta voimaa
uutta ääntä

Onnellisuus on läsnäolon hetki kun voi nähdä
kaiken kauniin
eikä pahuutta ole siinä maailmassa

Onnellista on olla yhtä luonnon rytmissä
äiti maan kehdossa
tuulen ja myrskyn tyttärenä

Onnellista on olla elossa
Ja silloin sitä on kun ei elä pelossa

Yksin

Jotkut askeleet on otettava yksin
Vain yksin voi päästä yhteyteen ja löytää todellinen
itsensä
 joka ei ole milloinkaan yksin, eikä koskaan
yksinäinen
Vain minä yksin voin löytää itseni
Ehkä minua autetaan
Tiedän, että minua autetaan
Koska haluan löytää sen
Mutta tuo apu on erilaista kuin toisten ihmisten apu
Se on jotain voimaa, sieltä mistä olen tullut ja sieltä
minne tieni johtaa
Täällä ne on minua auttamassa, suojelemassa
Kuuntelen ja otan vastaan
Päälaesta virtaa energiaa sinne ja takaisin

Kuka voi satuttaa

Kuka voisi pahemmin satuttaa kuin ihminen itse
itseään

Niin moni on jo loukannut, että itse satutat itseäsi

puolustukseksi

Tahtomattasi

Tajuamattasi

Kuka voisi parantaa sinut
kuin sinä itse
Itsensä voi parantaa ja parantaa voi myös muita
Mutta ei kaikelta toisia voi pelastaa, ei heiltä
itseltään, ellei siihen ole tietoisuutta

Vain itse voi parantaa itsen

Ja voi parantaa

Mutta joskus se tapahtuu vasta kuolemassa

Hento ja pieni ja yksisarvinen

Hentoja ja pieniä tämän kesän kukkaset
Keltaisia kuin aurinko
Pääsivät vielä nousemaan,
taipumaan mehiläisten painosta

Sitkeitä ne on!
Ja mehiläisillä tehtävä!

Tyranni ajoi kaiken pois
Antaisi ruohikon näivettyä,
jättäisi mehiläiset vaille työtä!
Onko se todella kukkien vihaaja vai vihaako vain
minua?

Kaunista ja ylevää ei vihasta kasva,
eikä kukaan näe sinua yksisarvisena,
vaikka kuinka väittäisit sellainen olevasi!
Näemme, että olet yksisilmäinen!

Tänne minä kuulun

Minä rakastan aurinkoa!
Lohduttavan hellivää, hoitavaa lämpöä
Se tuo värit,
elämän,
elinvoiman ja vitamiinit

Miksi asun tässä maassa jossa ihmiset eivät hymyile?
Jossa aurinkoa ei näy….
Tämä luonto ja nämä metsät,
pimeys ja lumen valo...
Rakastan, mutta en tiedä kauanko jaksan kaivata
mielitiettyäni

Sen tiedän, että Suomessa on yksi paikka jonne minä
kuulun
Mummin ja ukin Hykerö
Täällä olen aina ollut,
ei mikään muu tunnu tältä
Mikään ei voi korvata,
tänne minä kuulun

Minun paikka

Vaikka minulta vietiin paikka joka oli osa minua
Ei se lähde koskaan minusta pois
Minä olen aina siellä
En voi omistaa mitään ilman menetystä,
 jos menetys omistaa minut
Siksi olen aina saama puolella
Olen saanut vaikken saisi enää
Mitä en saisi kun kaikki siltä jo sain
Mistään jää paitsi
Kun tämänkin mä kestän ja nään sen kuinka asiat on
Se paikka on minussa ja minä siellä
Tässä hetkessä ja tässä kehossa on minun paikkani
Ja sydämeni ja mieleni voi missä vain vaeltaa
Se on minun paikka
ja se on tässä ja nyt

Annoin anteeksi

Näin sinut unessa,

Sinä itkit

Ehkä vähän ihmettelin

Hyvä, ajattelin

Tunnet siis samaa tuskaa kuin minäkin

Et ole kylmä ja sulkenut itseäsi kokonaan

Voin antaa anteeksi sinulle

Anna sinäkin itsellesi ja anna muillekin

Nämä valheet

Niin monet ystävät jättivät,
        Perheet hajosivat,
unelmat muuttuivat

Painajaisen jälkeen joka olisi voinut olla unta, mutta
ei ole

Pelon sokaisemat eivät kysy oikeita kysymyksiä

        Toiset taistelevat totuuden puolesta
kuin vahvimmat ja viisaimmat sammakot jotka
hyppivät padasta kun niitä elävältä keitetään

        En ole siinä maailmassa jonka jotkut
                ohjelmoivat
Astun ulos
        Menen metsään, purolle ja niitylle
                Menen vuoren laelle ja meren pohjaan
En elä painajaista, vaan olen valo

Totuus ei voi kuin parantaa
Koska valheet on kuin silmänkääntötemppu
Tuhkasta nousee feeniks lintu

Vääryys

Kun vääryyteen vastaa vääryydellä
Vääryys moninkertaistuu ja kaikki on vääristynyttä
Kuinka yksinkertaista, silti niin vaikeaa vielä monelle

Koska ylpeys ja tunteet
Koska egot taistelee ja haluaa taistelua

Pimeys täyttää ja hakee täyttymystä pimeydestä

Mutta pelkkä pimeys on pysähtyneisyyttä

Valo on se joka peittoaa pimeyden

Ongelmat on

Ongelma on ihmisillä jotka eivät osaa nauraa
Psykopaatin ongelma on tunteettomuus
Muiden ongelma on tunteellisuus
Ongelma on, jos ei osaa käsitellä tunteellisuuttaan
Omaa suhdettaan ongelmiin

Ongelma on monille sisältö
Ehto
Kärsimyksen kehto
Ydin
Sisin
Tendenssi

Ongelmatonta ei ole
Eikä ongelma ole siinä,
vaan kuinka asioihin suhtaudun
Keskitynkö ratkaisuihin ja tekoihin,
vai suurentelenko vain ongelmaa?

Onnellinen….

Onnellinen on se joka on utelias

Ihmettelee ja ihastelee elämää

Haluaa oppia ja osata

Se voi olla yhtä hyvin taiteilija, tieteilijä tai tie-
työläinen

Yhtä hyvin nuo ominaisuudet voivat unohtua
 omahyväisyyden
tai itsekkyyden sokaisemina,
sepeliin sekoittuneena

Liian moni omaksuu toisten unelmat omikseen

Vailla omia ajatuksia

Ilman todellista itseä

Aina onnellisuudesta paitsiossa

Vahva

Vahva ei elä kiitoksella

Vahva on se joka tietää mitä on olla heikko

Vahvat synnyttää ja suojelee elämää
 Puolustaa ja hoivaa

Oman nahkansa totuudessa uhraa
 Siitä ei tarvitse koskaan mitään meteliä nostaa

Niin se vain on, että se voima löytyy silloin
 kun se meinaa loppua
ja vahva tietää sen,
 että kestää kaiken mitä tarvitsee

Vahva ei luovuta, kuin siitä mistä luopua täytyy
 Ja uskoo aina huomiseen

KIPU

En anna kivulle valtaa, en identifioidu siihen enää
alitajuisesti
Tiedostan, että voin parantaa
Täyttyä valolla

Hyväksyn, että se on prosessi,
että päivät ovat erilaisia ja on kuunneltava kehoa
Tyynnyttää mieltä
siltä kaikelta kaaokselta ympärillä

En jää kipuun jumiin, ohitan sen
On jossain paikka joka on minussakin, jossa kipua ei
ole

Ja joskus kipua kuuntelen ja sille vastaan, mene pois
vaiva ikuinen,
olet tarpeeton

Olen kulkenut kanssasi läpi helvetin

Olen kulkenut kanssasi läpi helvetin
Yritän opastaa sinua toiselle puolelle, koska sinne
selvisin
Se saa sinut vain vajoamaan syvemmälle
Kuin tahtoisit vetää minut sinne mukaan

En ole tulossa,
Miksi et tulisi tänne?
Olen kysynytkin

Ei sinne voi millään päästä, sinä huudat
Huudat ja huudat !!!!!!!!!!!!!!!!!!!!!!!!!!!

En ole tulossa sinne,
Tule sinä tänne, toiselle puolelle

Jeesustelut ei nyt auta, sinä huudat

Jeesus voisi ehkä juuri auttaa, minä mietin

En pysty pelastamaan sinua, vaikka kerran olen jo
niin tehnyt,
        sinun kertomaa, mutta tuskin totta
ollenkaan...?

Nyt olen osasyyllinen, kun en enää voi sua
uudestaan pelastaa
Hakisit mielelläsi lohtua jostain muualta
Olisit itsesi ulkopuolella
Mutta et osaa
Et osaa mennä tarpeeksi sisäänkään,
ehkä helvetti onkin välitilassa

Kun et tule minun maailmaan, emme voi olla
yhdessä onnellisia
Ja jos minä tulisin sinun maailmaan, sinne missä nyt
olet,
olisi se vain minua isompi helvetti!

Sanat ovat olleet ankkureina, kyyhkyinä viestiä
vieden ja tuoden...
Sävelet ovat olleet kuin huuhteleva vesi...
Laulut kuin aamut aukeavat....pelastavat!

Kyyneleet vuodatettu, tuskinpa ne loppuvat koskaan!
Mutta ne ovatkin erityisen kauniita, niinkuin on tämä
maailma itse!

Ei meillä ole enää…

Ei meillä ole enää mitään yhteistä
Sinulla on vihasi, kipusi ja halveksuntasi
joka estää kaiken hyvän, etkä edes ymmärrä kuinka
annat sen tuhota kaiken
Se on sinua voimakkaampi, tai niin luulet ja siksi en
tiedä milloin saat voimasi takaisin

Tuo ihminen on vieras
Se ei kuule eikä näe muita
Se tuntee vain vihaa ja katkeruutta
Tunnen sen jo liian hyvin
Se ei ole ystäväni, saati mikään rakas
Se on energiavaras,
mutta minua ei voi enää ryöstää
Minua ei voi enää ruoskia, sillä ruoskan iskut eivät
enää tunnu

Toista ei voi omistaa

Toista ei voi omistaa
Mutta toiselle voi omistaa
Omaa vapautta ei voi vaihtaa
Ei kahlita eikä kaihtaa
Onni on samanlainen
Löytyy jos sitä ei aja takaa
Tässä se on
Älä pelkää muuten se taas katoaa

Tämä sydän

Kun satutat minua, satutat itseäsi
Kun autat itseäsi, autat myös muita
Kukaan joka todella arvostaa itseään, ei voi olla
kunnioittamatta toista

Sanasi eivät satuta, tekosi eivät tehoa
Ei ne pysty romuttamaan sisintä
Niin vahva siitä on tullut, ettei se enää itseään epäile
Ei haudo katkeraa kostoa
Ei haaveile satuttaa
Ei vuoda enää kipeää verta
Ei tunne tuskaa, eikä kipua

Kova siitä ei ole tullut
Ehkä pehmeämpi kuin ennen
Se joustaa kuin trampoliini
Se on pumpulinen ja lempeä
Hymyhuulinen
Säkenoivä onnellisuuden sähikäinen

Menneet ovat menneitä ja nyt on hyvä olla nyt
Anteeksi pyydän, anteeksi antanut
Koska ymmärrän enemmän,
Olen kiitollinen
Tätä sydäntä minä kuuntelen

KIITOLLISUUS

Kiitollisuudella ei voi elää,
mutta se voi pelastaa elämän!
Ilman kiitollisuutta elämä on yhtä helvettiä!

Uusi Aurinko

Auringosta tuli spottivalo,
Valkea,
uusi valo,
Uusi värähtely maassa ja kehossa

Luonto antaa ja koskettaa, puhuu minulle
kuin kuulisin sen nyt eri tavalla

Edes helvetin lieskat ympärillä eivät polta minua
Olen turvassa
Sydän ja mieli harmoniassa
Parantamassa kehon ja itsensä

Jaan toisille tuota voimaa
Ja se voimistuu vaan

Omenapuu, vaahtera ja kaikki muutkin

Omenapuu kosketti minua eilen
Oksallaan kosketti, kun nätisti pyysin

Tänään vaahtera vilkutti minulle
Minä vilkutin takaisin

Eikä tämä ole edes mikään ihme
Tai sen enempää kuin elämä itse

Ihme se on tietysti tavallaan, niinkuin mekin
Ja ihmekös on sekin, niinkuin mekin,
on nekin jotka eivät sitä kuule,
näe tai edes tunne, ihme se on sekin

Suden aika

Taas alkaa suden aika
Yöt on sen taika
Ulvoo, valvoo
Ilman nukkuvaa unta uneksii ja tekee työtä

Vaistot herkät
Se on luovaa työtä
Susi ei anna mitään myötä

Nyt kaamos on päällä, se tuo suden vaatteet
Yöt ne on nyt minun aikaa

Jeesus

Tapasin kerran Jeesuksen,
enkä ollut ainoa
Fiskarsin "Hobittisaunan pukuhuoneessa"
katsahdin taakseni ja säpsähdin
Hieman hämmennyin havaintoani ja ennen
epäilystäkään miehen silmissä välähti ja hymy karehti
hänen huulillaan,
niin myös minun
Ei epäilystäkään!
Kummallista, mutta ei epäilystäkään etteikö hän olisi
Jeesus itse

Jeesus tuli saunaan ja esitteli itsensä, en muista
varmasti, olisiko se ollut Tuomas
Kyseli kummia, kuten tuntuiko minusta siltä, että
kaikki on osa yhtä olevaista ja hän osa minua,
Ja profeetta
Ei näillä samoilla sanoilla,
mutta sinnepäin

Jeesus meni järveen
Seisoi kädet ylhäälle levitettyinä
Yllään täysikuu

Ei se tullut pois järvestä, en nähnyt ainakaan
Hävisi vain yhtä yllättäin, kuin oli tullutkin,
jostakin,
jonnekin

Kun usko on henkilökohtainen tieto,
Ei ole mitään väliä sillä uskooko joku muu

Buddha

Usko- tuo näkymätön voima
Eihän ajatuksiaankaan näe,
ainakaan ennen kuin niitä toteuttaa
Eikä sisäelimetkään näy ulospäin

"Maalliset halut ovat valaistuminen"
Koska
olemme olemassa ja voimme halujemme
(elämämme) kautta
kehittää itseämme
Muuttaa kärsimykset voimavaroiksi ja lääkkeeksi

yhteisen onnellisuuden hyväksi

Buddha on kuin me
Ihminen
Ei ole mitään eroa Buddhalla ja minulla
eikä muillakaan
koska olemme Buddhia

Ihminen vain helposti pienentää itseään ja ylistää
muita
Tai ylistää itseään ja pienentää muita

Buddha oli ihminen, niinkuin Jeesuskin
Valaistunut on ikuinen, mystinen ja rajaton
Osa jumalallista olemassaoloa

Sellaisia olentoja ihmiset ovat, valonkantajia
Jokainen omanlaisensa aarre yhteisessä tornissa

Ihminen pystyy ihmeisiin joihin ei olisi koskaan
uskonut pystyvänsä
Teot puhuvat puolestaan ja
Uskaltaessaan uskoa, mahdotonkin voi muuttua
mahdolliseksi

(Usko perustuu viisauteen, myötätuntoon ja
totuuteen,

kokemukseen ja muutokseen)

Jos ei pidä huolta, uskosta voi tulla sokeaa ja se vie umpitunneliin, ojasta allikkoon

Viisaus, myötätunto, kokemus, muutos ja totuus

Taiteilijat, erilaiset, omanlaiset

Ne jotka yrittävät nitistää taiteilijan ovat samanlaisia
kuin ne jotka tallaavat kukat ja repivät puut
rakentaakseen rahaa
Ne ovat samanlaisia kuin ne jotka puolustavat
nurmikkoa ja puita vaikka rakentamalla
pelastettaisiin ihmisiä
Ne ovat niitä jotka rakentavat linnoja vain itselleen
eivätkä sitten mahdu edes niihinkään

Nitistetään nitistäjät
nillittäjät

Me ollaan vähän yksin
Erilaisia
Omanlaisia
Omia itseämme ja vielä kaikkea sitä muuta
mitä voisimme olla
Haluamme olla
Siksi erilaisia
Vaikka kaikki ovat erilaisia
jos vain osaisivat olla omanlaisia

Me halutaan herättää itsemme ja sinut

Haluamme sinunkin olevan erilainen
Omanlainen
Eikä vain koneen osa
Viallinen toiminto epämääräisessä koneessa
Kokeessa

Olemme melkein aivopesun ulottumattomissa
Omissa maailmoissa
Suuremmissa ajatuksissa
Älyllä ei voita viisautta, mutta viisaudella voi voittaa
kaiken!
Viisaus kommunikoi sydämen kanssa

Se ei ole vain opittua, matkittua, valmista tai
puolikasta
Se on kokemusta ja syvempää keskittymistä
Hahmottamista ja vaikuttamista
Se on voima joka on yhtäkuin ihmisyys
eikä sitä voi lopettaa eikä nitistää
sitä ei voi estää, niin kauan kuin ihmisyyttä riittää

Maailmanmuuttajat

Niin on monista maailman muuttajista sanottu, ettei
heistä ole mihinkään
He eivät ole istuneet ajankuvaan,
ihmisten pieniin mieliin
Silti ovat tehneet mitä täytyy, omaa visiota toteuttaa,
vaikka kuinka mitättömäksi leimaisivat,
nuo pienet pelokkaat mielet
Ja kuinka suuren palveluksen siinä usein tekevätkin,
sen nämä maailmanmuuttajat tietävät, vaikka
epäilykset ravistelee välillä heitäkin
Heillä on tehtävä, niinkuin on (meilläkin) niilläkin
jotka eivät sitä löydä
tai uskalla etsiä
Katumuksessa kulkijat etsivät johtotähteä
Kompastuvat kun erehtyvät kimmellystä ja hymyä
aidoksi luulemaan
Ja taas mennään...
Sotaa huudetaan kovaan ääneen, sitä pitää pelätä ja
sitä pitää haluta!
Muuten et ole rauhan puolella, näin rauhan
liikkumista voi estää...

Yhteinen asenne rakentaa rauhaa voi murtaa
ihmisten välisen muurin
Koska kaikki sodan järjettömyys on yhä
todellisuudessamme,
ja se vasta ihmeellistä onkin,
voimme kai yhtä hyvin tehdä järkevän, sydämen
kanssa sopusointuisan valinnan yhteisestä rauhasta?
Tehdään se nyt!